ANIMAUX

Livre De Coloriage

Pour Les Enfants

Ce Livre De Coloriage
Appartient à:

....

....

Essayez Votre Crayon De Couleur Avant De Colorier

Essayez Votre Crayon De Couleur Avant De Colorier

Essayez Votre Crayon De Couleur Avant De Colorier

Essayez Votre Crayon De Couleur Avant De Colorier

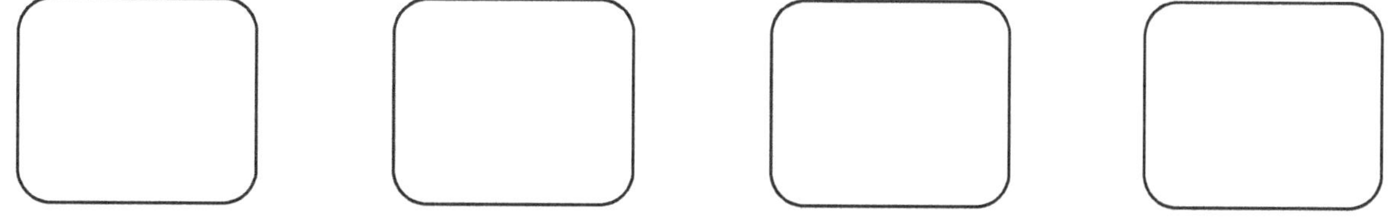
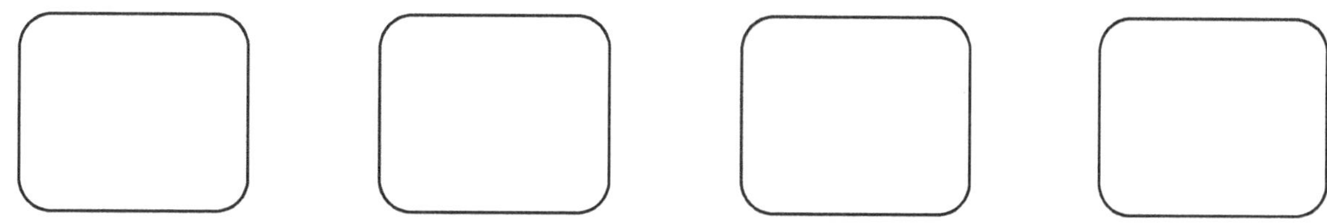

Essayez Votre Crayon De Couleur Avant De Colorier

Essayez Votre Crayon De Couleur Avant De Colorier

Essayez Votre Crayon De Couleur Avant De Colorier

Essayez Votre Crayon De Couleur Avant De Colorier

Essayez Votre Crayon De Couleur Avant De Colorier

Essayez Votre Crayon De Couleur Avant De Colorier

Essayez Votre Crayon De Couleur Avant De Colorier

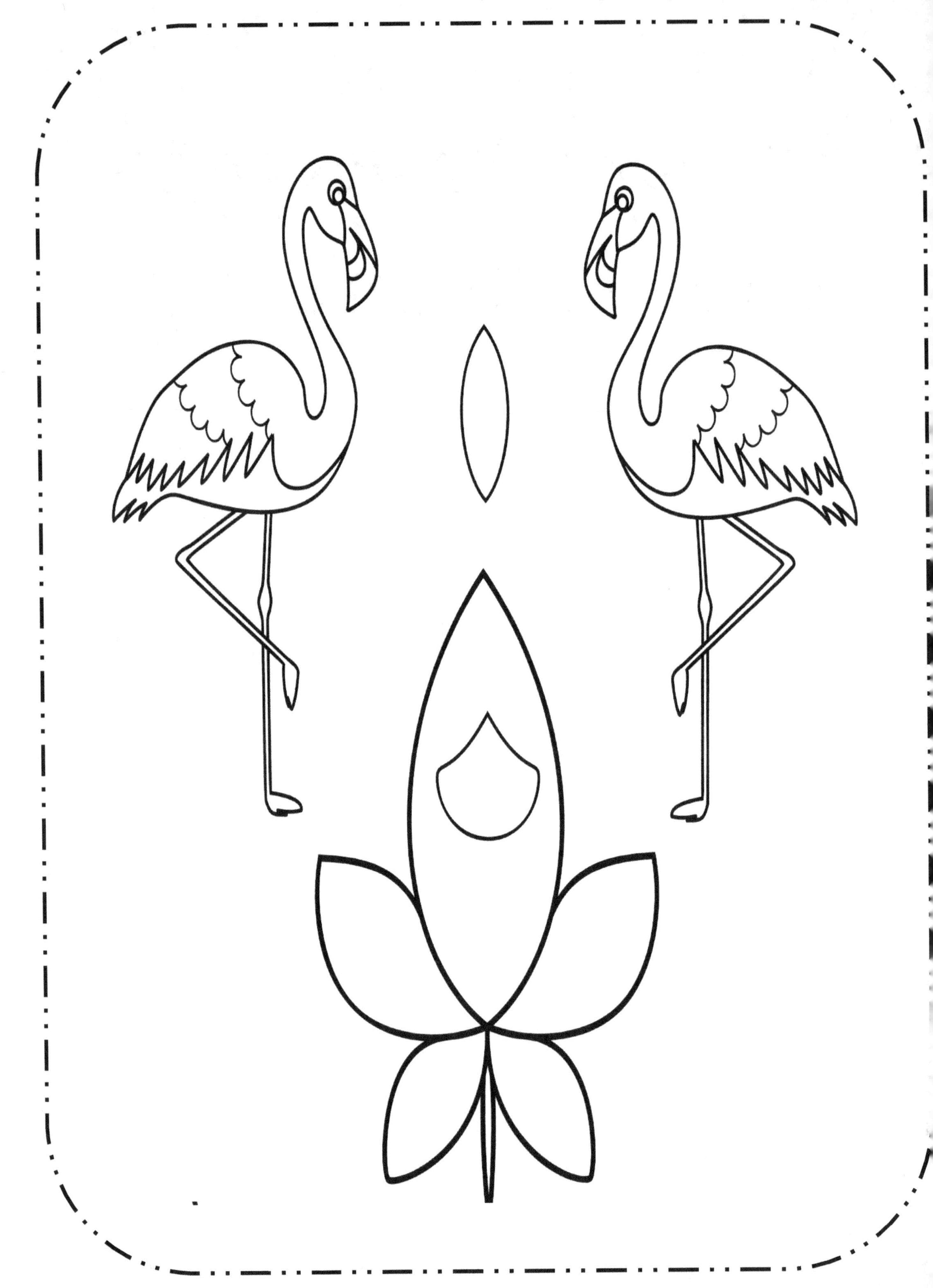

Essayez Votre Crayon De Couleur Avant De Colorier

Essayez Votre Crayon De Couleur Avant De Colorier

Essayez Votre Crayon De Couleur Avant De Colorier

Essayez Votre Crayon De Couleur Avant De Colorier

Essayez Votre Crayon De Couleur Avant De Colorier

Essayez Votre Crayon De Couleur Avant De Colorier

Essayez Votre Crayon De Couleur Avant De Colorier

Essayez Votre Crayon De Couleur Avant De Colorier

Essayez Votre Crayon De Couleur Avant De Colorier

Essayez Votre Crayon De Couleur Avant De Colorier

Essayez Votre Crayon De Couleur Avant De Colorier

Essayez Votre Crayon De Couleur Avant De Colorier

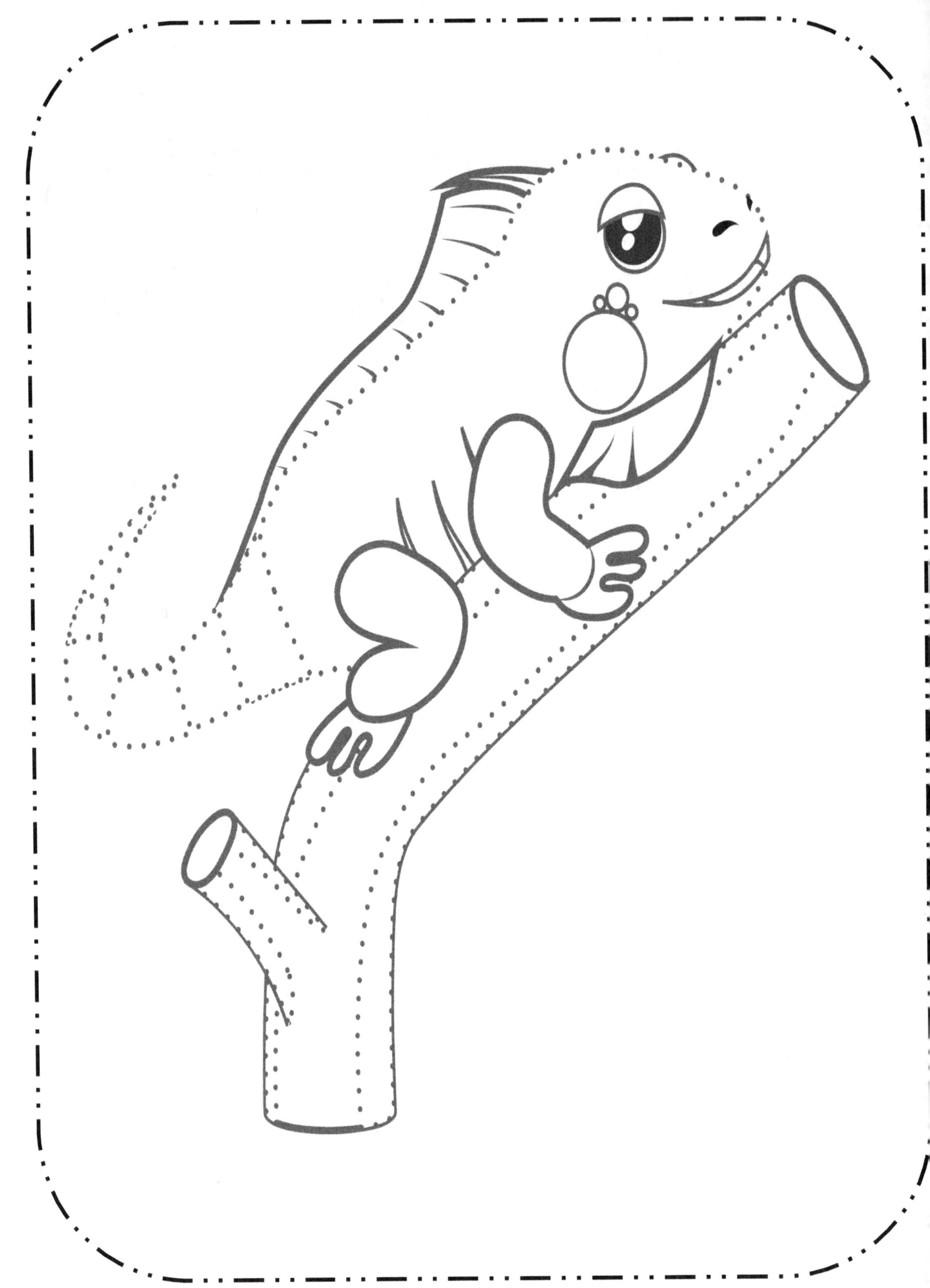

Essayez Votre Crayon De Couleur Avant De Colorier

Essayez Votre Crayon De Couleur Avant De Colorier

Essayez Votre Crayon De Couleur Avant De Colorier

Essayez Votre Crayon De Couleur Avant De Colorier

Essayez Votre Crayon De Couleur Avant De Colorier

Essayez Votre Crayon De Couleur Avant De Colorier

Essayez Votre Crayon De Couleur Avant De Colorier

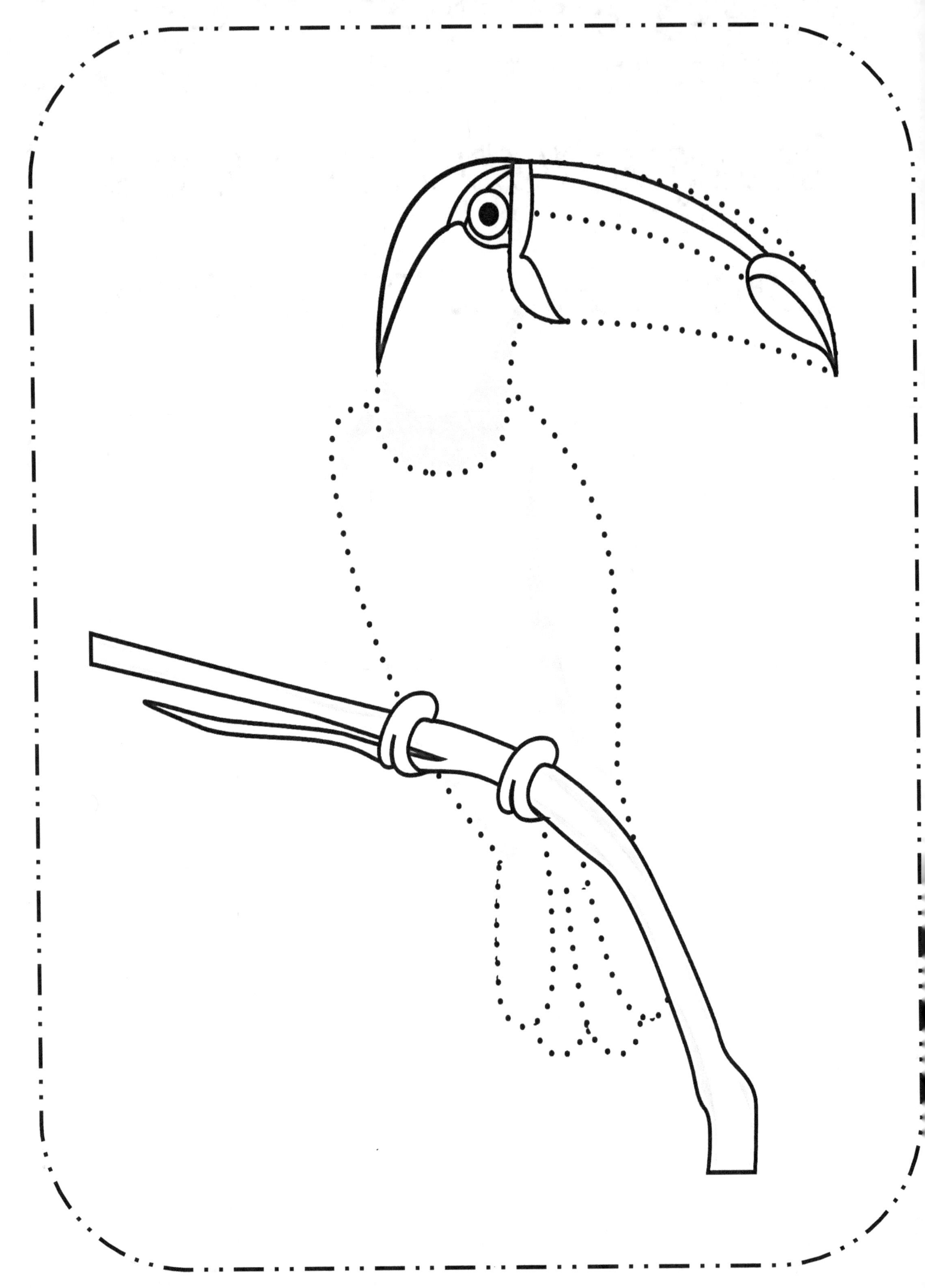

Essayez Votre Crayon De Couleur Avant De Colorier

Essayez Votre Crayon De Couleur Avant De Colorier

Essayez Votre Crayon De Couleur Avant De Colorier

Essayez Votre Crayon De Couleur Avant De Colorier

Essayez Votre Crayon De Couleur Avant De Colorier

Essayez Votre Crayon De Couleur Avant De Colorier

www.ingramcontent.com/pod-product-compliance
Lightning Source LLC
Chambersburg PA
CBHW080914160726
48000CB00009B/2989